〔宋〕邵雍 著
书琴 译注

渔樵问对

YU QIAO
WEN DUI

千古奇文

见自己
见天地
见众生

文化发展出版社
Cultural Development Press
·北京·

图书在版编目（CIP）数据

渔樵问对 /（宋）邵雍著 ；书琴译注 . — 北京 ：
文化发展出版社，2025. 8（2025.8 重印）. —
ISBN 978-7-5142-4751-0

Ⅰ . B244.31

中国国家版本馆 CIP 数据核字第 2025FN7894 号

渔樵问对

〔宋〕邵雍　著　书琴　译注

责任编辑：孙　烨　　　　责任印制：杨　骏
责任校对：侯　娜　马　瑶　　封面设计：创巢视觉
出版发行：文化发展出版社（北京市翠微路 2 号 邮编：100036）
编辑部电话：010-88275827
编辑邮箱：duanshujun@keyin.cn
发行电话：010-88275993　010-88275711
网　　址：www.wenhuafazhan.com
经　　销：全国新华书店
印　　刷：三河市双升印务有限公司

开　　本：880 mm×1230 mm　1/32
字　　数：60 千字
印　　张：3
版　　次：2025 年 8 月第 1 版
印　　次：2025 年 8 月第 3 次印刷

定　　价：36.00 元
I S B N：978-7-5142-4751-0

◆ **如有印装质量问题，请与我社印制部联系　电话：010-88275720**

前　言

说起中国人的气质，人们多认为是由儒家文化塑造的，其实，儒学分两个时期，有先秦之儒学，有两宋之儒学——理学。

所以，与其说儒学影响了中国人的精神气质，不如说理学才是现代中国人气质形成的源头。说到理学，就不得不提到“北宋五子”。他们分别是周敦颐、程颐、程颢、张载、邵雍，这五人对北宋哲学思想的发展起了重要作用。与“濂（周敦颐）洛（程颐、程颢）关（张载）闽（朱熹）”理学四大家之间有着师承关系不同，邵雍精研《易经》，从“万物运行”的“物理”之学阐述自己对宇宙的认识，在完善儒家学说的同时，建立属于自己的“数学”哲学体系。程颐赞他“数学至康节方及理”；

程颢赞他“纯一不杂，汪洋浩大”。

他的集大成之作《皇极经世书》，乍看像预测卜算之学，但仔细研究就会发现，他的理论与混沌学、概率学如此接近（所以谓之命，至之而后可知也），证明方法又与函数学如此相像（可以象求者，物之形也，可以数取者，物之体也）。他的自然哲学思想近于亚里士多德（而观之以理也；穷之而后可知也），而对于“天道”的信仰更是无比忠诚，即通过论证，证明自己所信之神真正存在（用也者，妙万物为言者，可以意得，而不可言传）。

想要理解邵雍“汪洋浩大”的哲学思想，阅读《渔樵问对》是最便捷的方法。为了让读者更好地理解《渔樵问对》这一千古奇文，编者在附录中特别节选了明朝黄粤洲注释的《皇极经世书·观物内篇》。两者相映照，才能真正阐明“以经法天故能权变”的邵雍所倡之理学精神。

目 录

渔樵问对

辨“利害”，谙生存之道

【原文】

渔者垂钓于伊水之上。樵者过之，弛①担息肩，坐于磐②石之上，而问于渔者，曰：“鱼可钩取乎？”

曰：“然。”

曰：“钩非饵可乎？”

曰：“否。”

曰：“非钩也，饵也。鱼利食而见害，人利鱼而蒙利。其利同也，其害异也。敢问何故？”

【注释】

①弛：放下，解除。

②磐：大石头。

【译文】

有一个渔夫在伊水边垂钓。一个樵夫路过，将肩上的柴担放下，坐在大石头上休息，对垂钓的渔夫问道："钩子能钓到鱼吗？"

渔夫回答："可以。"

樵夫问："如果不放鱼饵，还能钓到鱼吗？"

渔夫回答："不能。"

樵夫再问："看来，钓鱼的关键在鱼饵，不在鱼钩啊。鱼求食之利而遭害，人求鱼之利而获益。都是为了吃到东西这一目的，所受伤害却截然不同，请问这是什么原因？"

【原文】

渔者曰："子樵者也，与吾异治[1]，安得侵[2]吾事乎？然亦可以为子试言之。彼之利，犹此之利也；彼之害，亦犹此之害也。子知其小，未知其大。鱼之利食，吾亦利乎食也；鱼之害食，吾亦害乎食也。子知鱼终日得食为利，又安知鱼终日不得食为害？如是，则食之害也重，而钩之害也轻。子知吾终日得鱼为利，又安知吾终日不得鱼不为害也？如是，则吾之害也重，鱼之害也轻。以鱼之一身，当人之一食，则鱼之害多矣；以人之一身，当鱼之一食，则人之害亦多矣。又安知钓乎大江大海，则无易地之患焉？鱼利乎水，人利乎陆，水与陆异，其利一也；鱼害乎饵，人害乎财，饵与财异，其害一也。又何必分乎彼此哉！子之言，体③也。独不知用尔。”

【注释】

①异治：不同的方式。

②侵：接近，引申为理解。

③体：与下文的“用”组成了中国古代哲学中的一组重要概念。体，指本质，内在。用，则是体的外在表现和表象，时刻会变化。

【译文】

渔夫说："你是樵夫，我是渔夫，我们劳作的方式不同，你怎么能了解我们渔夫的事呢？尽管如此，我还是要试着为你解释一下。鱼所得之利，如我所得之利，鱼所受之害，如我所受之害。你只是看到小（眼前）的方面，尚未看到大（更多）的方面，其实，鱼是为食物之利，我也是为食物之利；鱼因食物而受害，我也是因食物受害。

你看到鱼终日得到食物是为利，又怎么知道鱼每天得不到食物是为害呢？因此，对于鱼而言，（没有）食物的伤害重，而钩的伤害倒是轻的。你只知道我垂钓终日，以得鱼为利，又怎么知道我垂钓终日，若不得鱼就不是害呢？因此，就我而言，我的损失大，鱼的损失小。若以鱼为本，人吃了鱼，则鱼受到了伤害；若以人为本，鱼吃了人，人就受到了伤害。况且，若在大江大河上钓鱼，又怎么知道因钓鱼地点的改变就不会给人带来祸患呢？水里跟陆地不同，但从利的角度来看，水对鱼有利，陆地对人有利，两者的利是相同的。鱼受害于饵，人受害于财，饵与财不同，其害处一样，又何必分彼此呢！你说的，只是事物的‘体’，而不知事物的‘用’。”

晓“体用”，明万物之理

【原文】

樵者又问曰：“鱼可生食乎？”

曰：“烹之可也。”

曰：“必吾薪济[1]子之鱼乎？”

曰：“然。”

曰：“吾知有用乎子矣。”

曰：“然则子知子之薪，能济吾之鱼，不知子之薪所以能济吾之鱼也。薪之能济鱼久矣，不待子而后知。苟世未知火之能用薪，则子之薪虽积丘山，独且奈何哉？”

樵者曰："愿闻其方。"

曰："火生于动，水生于静。动静[②]之相生，水火之相息。水火，用也；草木，体也。用生于利，体生于害。利害见乎情，体用隐乎性。一性一情，圣人能成。子之薪犹吾之鱼，微火则皆为腐臭朽坏，而无所用矣，又安能养人七尺之躯哉？"

【注释】

①济：帮助，助益。

②动静：中国古代哲学对宇宙万物的一种认识。

【译文】

樵夫又问："鱼能生吃吗？"

答："烹熟之后才可以吃。"

问："那就得用我的柴烹你的鱼了？"

答："当然。"

问："那我知道了，我的柴对你烹鱼有用。"

答：“你虽知道你的柴能烹我的鱼，可你不知道你的柴为什么能烹我的鱼。用柴烹鱼的方法早就有了，在你之前人们就知道。如果世人不知用火点燃木柴的方法，你的柴就是堆积如山又有什么用呢？”

樵夫：“我愿意听你说说其中的道理。”

渔夫：“火生于动，水生于静。动静相生，水火相息。水火是事物的用，草木是事物的体。用生于利处，体见于害处。利与害于情中显现，静与动隐于天性。正因知道情（感性）与性（本质）的区别，圣人才理解宇宙万物的奥秘。就像你的柴和我的鱼，没有火都会变成腐臭朽坏无用之物，又怎能养育人的七尺之躯呢？”

【原文】

樵者曰：“火之功大于薪，固[1]已知之矣。敢问善灼物，何必待薪而后传？”

渔者曰：“薪，火之体也。火，薪之用也。火无体，待薪然后为体；薪无用，待火然后为用。是故凡有体

之物，皆可焚之矣。”

曰：“水有体乎？”

曰：“然。”

曰：“火能焚水乎？”

曰：“火之性，能迎[②]而不能随[③]，故灭。水之体，能随而不能迎，故热。是故有温泉而无寒火，相息之谓也。”

曰：“火之道生于用，亦有体乎？”

曰：“火以用为本，以体为末，故动。水以体为本，以用为末，故静。是火亦有体，水亦有用也。故能相济，又能相息。非独水火则然，天下之事皆然，在乎用之何如尔！”

【注释】

①固：已经。

②迎：迎向，对抗。

③随：随外物而变化。

【译文】

樵夫问："火的功能大于柴，我已经知道了。还要问一下，火这么善燃他物，但为什么一定要有柴才可以呢？"

答："柴是火之体（展现火的本质），火是柴之用（发生变化）。火本无体，通过柴燃烧才体现出体。柴本无用，待火烧起后才有用。因此，凡是有体之物，都可以被火燃烧。"

问："水有体吗？"

答："有。"

问："水能被火燃烧吗？"

答："火的性质是迎向物体而不能跟随物体燃烧，所以会被水熄灭。水的性质是能随顺他物而变化，所以水就会受热升温。因此有热水而无凉火，这体现了火与水的'相息'关系。"

问："火的功能来于用，它有体吗？"

答："火以用作为根本，以体为次要，所以火是动

的。水以体作为根本，以用为次要，所以水是静的。因此，火也有体，水也有用，所以二者既相生又相息。不仅仅是水火，天下的事物都如此，就在于你如何应用。”

【原文】

樵者曰：“用可得闻乎？”

曰：“可以意得者，物之性也；可以言传者，物之情也；可以象求者，物之形也；可以数取者，物之体也。用也者，妙万物为言者也，可以意得，而不可以言传。”

曰：“不可以言传，则子恶得[①]而知之乎？”

曰：“吾所以得而知之者，固不能言传。非独吾不能传之以言，圣人亦不能传之以言也。”

曰：“圣人既不能传之以言，则六经非言也耶？”

曰：“时然后言，何言之有？”

樵者赞曰：“天地之道备于人，万物之道备于身，众妙之道备于神，天下之能事毕矣，又何思何虑！吾而今而后，知事心践形之为大。不及子之门，则几至于殆矣！”

乃析[2]薪烹鱼而食之，饫[3]而论《易》。

【注释】

①恶（wù）得：这般，怎么。恶，表示疑问。

②析：用斧头劈木。引申为分开。

③饫（yù）：饱，足。

【译文】

樵夫问：“如何知道‘用’的道理呢？”

答：“通过领悟得到的，是事物的本性；通过语言传授的，是事物的外在表现；通过外在显现得到的，是事物的形状；通过推导得到的，是事物的本质。‘用’这个概念，是阐述万物奥妙的，只可意会，而不能精准言传。”

问：“不可以精准言传，你又如何知道的？”

答：“我正因知道并理解了这些道理，才明白这些

道理确实无法通过语言精准传达。并非我一人不能精准言传，圣人也不能用语言来精准表述。”

问：“若圣人都不能用语言来表述，那六经不是通过语言传授的吗？”

答：“是时机到了才有了那些言说，哪有什么人在刻意言传？”

樵夫闻听，赞叹说：“天地间的道理完备于人心，万物之理为人身所感，世间万物奥秘为心神所领会，天下的各种道理都融会贯通了，还有什么可思虑的！我今天才知道用心去感知、用身体去实践是多么重要。若不是遇见先生，差点儿就陷入无知的险境了。”于是，樵夫解开柴担生火烹鱼，二人吃饱后开始讨论《易经》。

看“物我”，知万物一体

【原文】

渔者与樵者游于伊水之上。渔者叹曰：“熙熙乎万物之多，而未始有杂。吾知游乎天地之间，万物皆可以无心而致之矣。非子则孰与归焉！”

樵者曰：“敢问无心致天地万物之方？”

渔者曰：“无心者，无意之谓也。无意之意，不我物也。不我物，然后定能物物。”

曰：“何谓我，何谓物？”

曰：“以我徇[1]物，则我亦物也；以物徇我，则物亦我也。我物皆致，意由是明。天地亦万物也，何天地之有焉！万物亦天地也，何万物之有焉！万物亦我也，何万物之有焉！我亦万物也，何我之有焉！何物不我，何我不物！如是则可以宰[2]天地，可以司[3]鬼神。而况于人乎？况于物乎？”

【注释】

①徇：依从。

②宰：主管。

③司：主持，掌管。

【译文】

渔夫和樵夫二人在伊水游玩。渔夫感叹说：“世上万物繁多，却不杂乱。我知道游走于天地之间，万物都应以无心的方式来理解。若不是有你，我能和谁谈经论道呢。”

问：“请问如何以无心来理解万物？”

答：“无心就是无意，无意就是不把我与物分开，然后才能做到与万物相通。”

问：“什么是‘我’？什么是‘物’？”

答：“以万物为标准，则我也是物；以我为标准，则万物也是我。认识到我与物一样，则道理就简单明了了。天地也是万物，哪里有什么天地之分？万物也是天地，哪里有什么万物之别？万物也是‘我’，哪里有什么万物？‘我’也是万物，哪里有什么‘我’？哪个物不是‘我’？哪个‘我’不是物？能这样理解，就可以主宰天地、号令鬼神了。更何况是人呢？更何况是物呢？”

论“名实”，懂万物相依

【原文】

樵者问渔者曰：“天何依？”

曰：“依乎地。”

曰：“地何附？”

曰：“附乎天。”

曰：“然则天地何依何附？”

曰：“自相依附。天依形，地附气。其形也有涯，其气也无涯。有无之相生，形气之相息。终则有始，终

始之间，其天地之所存乎？天以用为本，以体为末；地以体为本，以用为末。利用出入之谓神，名体有无之谓圣。唯神与圣，能参乎天地者也。

“小人则日用而不知，故有害生实丧之患也。

“夫名也者，实之客也[1]；利也者，害之主也。名生于不足，利丧于有余。害生于有余，实丧于不足。此理之常也。

“养身者必以利，贪夫则以身徇利，故有害生焉。立身必以名，众人则以身徇名，故有实丧焉。窃人之财谓之盗。其始取之也，唯恐其不多也。及其败露也，唯恐其多矣。夫贿之与赃，一物也而两名者，利与害故也。窃人之美谓之徼[2]，其始取之也，唯恐其不多也。及其败露也，唯恐其多矣。夫誉与毁，一事也而两名者，名与实故也。

“凡言朝者，萃名之所也；市者，聚利之地也。能不以争处乎其间，虽一日九迁，一货十倍，何害生实丧之有耶？是知争也者，取利之端也；让也者，趋名之本也。利至则害生，名兴则实丧。利至名兴，而无害生实丧之患，唯有德者能之。天依地，地附天，岂相远哉！”

【注释】

①名也者，实之客也：出自《庄子·逍遥游》“名者，实之宾也，吾将为宾乎？”名，名声、名称。

②徼：侥幸，由于偶然的原因而成功或避免灾害。

【译文】

樵夫问：“天依靠什么？”

渔夫答：“天依靠于地。”

樵夫问：“地依赖于什么？”

渔夫答：“地依赖于天。”

樵夫问：“那么天地又依附于什么？”

渔夫答：“相互依附。天依托于地之形，地依赖于天之气。形有边际，气无边际。有无相生，形气相息。终而复始，天地大概就存在于终始之间吧？天以用为根

本，以体为末节；地以它的体为根本，以用为末节。洞悉万物运行的玄妙法则，并以‘利’使法则得到贯彻实行，这叫作神。懂得表面名声与实在本体的有无关系，就叫作圣。只有神与圣，能够参悟天地的奥秘。

“普通百姓虽天天应用，却不了解事物的本质（不知进退），最终可能会带来真正的危害。

“名声是依附于‘实’的客体，利益才是害人的主体。名，是人因能力修养不够而想努力得到。利，却是因人想得到更多。害于有余处产生，实于不足处丧亡。这些都是常理。

“生活于世必须依靠物质（利），故贪婪的人时时寻找利益，因此有危害产生。立身需要靠名声，故世人为争名而失去了‘人’这一实体。窃人财物称之为盗，偷盗之时，唯恐东西偷得少，等到败露后，又怕东西多而定罪大。受他人之物为‘贿’，偷他人之物为‘赃’，同是财物，却有两个不同的名称，这是由于一个是利、一个是害。窃取他人美名的人称为侥幸者，他在窃取的时候，唯恐窃取得不够多，等到事情败露了，又害怕窃取得太多了。美誉与恶名，同一件事，（因取得方式不同）却有两个不同的名称，这是由于名与实有所不同。

“只要说到朝堂，大家都知道，那是聚名之地；而说到市集，大家也知道，那是聚利之地。如果能以不争名夺利之心居身朝堂或处于闹市，那么，即便是一天之内九次升迁，或者一样货物卖出十倍价钱，也不会有‘害生实丧’之祸。由此可知，争夺是取利的发端，谦让是求名的根本。利至则害生，名兴则实亡。利至名兴，却没有‘害生实丧’之祸，唯有厚德之人才能如此。天依托于地，地附着于天，两者又怎么会相距遥远呢？”

谈“治乱”，明治国之方

【原文】

渔者谓樵者曰：“天下将治，则人必尚行也；天下将乱，则人必尚言也。尚行，则笃实[①]之风行焉；尚言，则诡谲之风行焉。天下将治，则人必尚义也；天下将乱，则人必尚利也。尚义，则谦让之风行焉；尚利，则攘夺之风行焉。

“三王[②]，尚行者也；五霸[③]，尚言者也。尚行者，必入于义也；尚言者，必入于利也。义利之相去，一何如是之远耶？是知言之于口，不若行之于身。行之于身，不若尽之于心。言之于口，人得而闻之；行之于身，人得而见之；尽之于心，神得而知之。人之聪明[④]犹不可欺，况神之聪明乎？

“是知无愧于口，不若无愧于身；无愧于身，不若无愧于心。无口过易，无身过难；无身过易，无心过难。既无心过，何难之有！吁！安得无心过之人，与之语心哉！”

【注释】

①笃实：忠诚老实。语出《易·大畜》“大畜，刚

健，笃实辉光，日新其德。”

②三王：夏、商、周三代之王，是夏禹、商汤、周文王、周武王的合称。

③五霸：《史记索隐》认为是齐桓公、晋文公、秦穆公、宋襄公、楚庄王；《荀子》认为是齐桓公、晋文公、楚庄王、吴王阖闾、越王勾践。

④聪明：这里指耳与目。

【译文】

渔夫对樵夫说：“天下将为治世的时候，人们必然崇尚行动；天下将为乱世的时候，人们必然崇尚言论。崇尚行动，则忠诚老实的风气就会盛行；崇尚言论，则狡诈多端的风气就会盛行。天下将为治世的时候，人们必然崇尚仁义；天下将为乱世的时候，人们必然崇尚利益。崇尚仁义，则廉洁、礼让的风气就盛行；崇尚利益，则争斗、掠夺的风气就盛行。

“夏商周这三代的圣王都是崇尚行动的人；春秋五

霸都是崇尚言论的人。崇尚行动必注重于仁义，崇尚言论必注重于利益。仁义与利益相比，相差多么远啊！由此可知，多言善辩不如身体力行，身体力行不如仁义怀于心。言谈，人们可以听得见；身行，人们可以看得见；尽心，神明可以知晓。人的耳目不可以被欺骗，更何况神的耳目？

“由此可知，无愧于口，不若无愧于身；无愧于身，不若无愧于心。要口头无过容易，要身行无过困难；要身行无过容易，要内心无过困难。如果内心都无过错，还有什么灾难！唉！要是能遇到内心无过之人，就可以与之交心畅谈！”

论“观物”，知天地万物之道

【原文】

渔者谓樵者曰：“子知观天地万物之道乎？”

樵者曰：“未也。愿闻其方。”

渔者曰：“夫所以谓之观物者，非以目观之也；非观之以目，而观之以心也；非观之以心，而观之以理也。天下之物，莫不有理焉，莫不有性焉，莫不有命焉。所以谓之理者，穷[1]之而后可知也；所以谓之性者，尽之而后可知也；所以谓之命者，至[2]之而后可知也。

“此三知者，天下之真知也，虽圣人无以过之也。而过之者，非所以谓之圣人也。夫鉴[3]之所以能为明者，谓其能不隐万物之形也；虽然鉴之能不隐万物之形，未若水之能一[4]万物之形也；虽然水之能一万物之形，又未若圣人之能一万物情也。圣人之所以能一万物之情者，谓其圣人之能反观也。所以谓之反观者，不以我观物也。不以我观物者，以物观物之谓也。

“既能以物观物，又安有我于其间哉？是知我亦人也，人亦我也，我与人皆物也。此所以能用天下之目为己之目，其目无所不观矣；用天下耳为己之耳，其耳无所不听矣；用天下之口为己之口，其口无所不言矣；用

天下之心为己之心，其心无所不谋矣。夫天下之观，其于见也，不亦广乎！天下之听，其于闻也，不亦远乎！天下之言，其于论也，不亦高乎？天下之谋，其于乐也，不亦大乎！夫其见至广，其闻至远，其论至高，其乐至大，能为至广、至远、至高、至大之事，而中无一为焉，岂不谓至神至圣者乎？非唯吾谓之至神至圣者乎，而天下谓之至神至圣者乎？非唯一时之天下谓之至神至圣者乎，而千万世之天下谓之至神至圣者乎？过此以往，未之或知也已。”

【注释】

①穷：追究到底。

②至：尽头。

③鉴：镜子。

④一：归同。

【译文】

渔夫问樵夫："你知道观察天地万物的方法吗？"

樵夫说："不知道，愿听你讲。"

渔夫说："所谓观物，并非以眼观物，而是以心观物，不是以心观物，而是以理观物。天下之物，无不有其理，无不有其性，无不有其命。所谓理，深入研究可以知道；所谓性，研究透彻以后可以知道；所谓命，亲自体验以后可以知道。

"此三种认知，就是天下的真智慧，就连圣人也无法超过。超出此三种认知，也就不只是人间的圣人了。镜子之所以能够清晰照出万物，是因为它不隐万物的形状；虽然镜子不隐万物的形状，但不如水能化成万物的形状；虽然水能化成万物的形状，又不如圣人能洞悉万物之情。圣人之所以能洞悉万物之情，是因为圣人能够反观万物。所谓反观，就是不从'我'的角度去观物。不从'我'的角度去观物，而是从物的角度去观物。

"既然是从物的角度去观物，又怎么会有'我'的

存在呢？由此可知，我是他人，他人也是我，我与他人都是物。这样才能以天下人之目为我目，则无所不见；以天下人之耳为我耳，则无所不闻；以天下人之口为我口，则无所不言；以天下人之心为我心，则无所不谋。如此观天下，其所见，怎能不广！普天之下，其所闻，怎能不远！谈论天下，其言论，怎能不高！谋划天下，其所乐，怎能不大！其见至广，其闻至远，其论至高，其谋至大，能够做到至广、至远、至高、至大，其中却没有任何人为的因素存在，这难道不可以称为至神至圣了吗？不只是我把这称为至神至圣，天下人都把这称为至神至圣。不只是一时之人把这称为至神至圣，而是千万世之人都把这称为至神至圣。无论是过去、现在还是未来，都是如此。”

究“人天”，晓人事与天命

【原文】

樵者问渔者曰：“子以何道①而得鱼？”

曰：“吾以六物具而得鱼。”

曰：“六物具也，岂由天乎？”

曰：“具六物而得鱼者，人也。具六物而所以得鱼者，非人也。”

樵者未达，请问其方。

渔者曰：“六物者，竿也，纶②也，浮③也，沉④也，钩也，饵也。一不具，则鱼不可得。然而六物具而不得鱼者，非人也。六物具而不得鱼者有焉，未有六物不具而得鱼者也。是知具六物者，人也。得鱼与不得鱼，天也。六物不具而不得鱼者，非天也，人也。”

【注释】

①道：方法。

②纶：钓鱼用的丝线。

③浮：鱼漂，浮漂。用于传递鱼咬钩的信号、显示钓饵位置、调整饵钩水层深度及测量水深。

④沉：鱼坠。凭借钓者的投掷力量带动饵钩远投，并将其固定在某个水深层次。

【译文】

樵夫问渔夫："你用什么方法钓到鱼？"

渔夫答："我用六样物品钓到鱼。"

樵夫问："六样物品备足，其他的事情是看天意的安排吗？"

渔夫答："六物具备而钓上鱼，是因人的努力。但六物具备而能否钓到鱼，则非人能决定的了。"

樵夫不能理解，请渔夫指出其中的道理。

渔夫说："六物是鱼竿、鱼线、鱼漂、鱼坠、鱼钩、鱼饵。缺一样，则钓不上鱼。然而六物具备仍钓不到鱼，这就不是人的原因了。六物备足却钓不到鱼，这种情况是有的。但是，六物不备却能钓到鱼，这种情况是根本不存在的。因此备齐六物，是人事。能钓上鱼与否，是天意。若因六样物品不备齐钓不到鱼，这不是天意，而是人的原因。”

【原文】

樵者曰：“人有祷[1]鬼神而求福者，福可祷而求耶？求之而可得耶？敢问其所以。”

曰：“语善恶者，人也，福祸者，天也。天道福善而祸淫，鬼神岂能违天乎？自作之咎，固难逃已；天降之灾，禳[2]之奚[3]益？修德积善，君子常分。安有余事于其间哉！”

樵者曰：“有为善而遇祸，有为恶而获福者，何也？”

渔者曰：“有幸与不幸也。幸不幸，命也；当不当，分[4]也。一命一分，人其逃乎？”

曰：“何谓分？何谓命？”

曰：“小人之遇福，非分也，有命也；当祸，分也，

非命也。君子之遇祸，非分也，有命也；当福，分也，非命也。”

【注释】

①祷：人向天、向神求助、求福。

②禳（ráng）：古代通过祭祀祷祝以消除灾祸的特定仪式。

③奚（xī）：疑问代词，何、什么。

④分（fèn）：缘分，命运，机遇，应当。

【译文】

樵夫问：“人向鬼神祈祷而祈求福祉，福祉可以通过祈祷而求得吗？祈求就可以得到吗？请讲讲其中的道理。”

渔夫答：“谈论善恶的是人，降福降祸的是天。天之道，降福给善良的人和降祸给淫邪的人，鬼神岂能违逆天道？自己作孽而引起的罪过，当然难以逃避；上天降下的灾祸，祷祝能有什么用？修德积善，是君子的本分，哪会有其他的事情呢！”

樵夫问：“有人行善却遭遇灾祸，有人为恶而得福，这是为什么？”

渔夫答：“有幸运和不幸运之分而已，幸与不幸，这是命运，遇不遇得到是本分，一个命运，一个本分，谁能逃得掉这些呢？”

樵夫问：“什么是分？什么是命？”

渔夫答：“小人得福，这不是他应得之本分，是他偶有此运，小人应当遭遇灾祸，这才是他应得的本分，而不是他偶有此命。君子遭遇灾祸，这不是他应得的本分，是他偶遭此运。君子得福才是他应得的本分，而不是偶有此命。”

谈“义利”，见人性之根本

【原文】

渔者谓樵者曰：“人之所谓亲，莫如父子也；人之所谓疏，莫如路人也。利害在心，则父子过路人远矣。父子之道，天性也。利害犹或夺之，况非天性者乎？夫利害之移人，如是之深也，可不慎乎？路人之相逢则过之，固无相害之心焉，无利害在前故也。有利害在前，则路人与父子又奚择[①]焉？路人之能相交以义，又何况父子之亲乎！夫义者，让之本也；利者，争之端也。让则有仁，争则有害。仁与害，何相去之远也！尧、舜亦人也，桀、纣亦人也，人与人同，而仁与害异尔。仁因义而起，害因利而生。利不以义，则臣弑[②]其君者有焉，子弑其父者有焉。岂若路人之相逢，一目而交袂[③]于中逵[④]者哉！”

【注释】

①择：选择，这里引申为分别出。

②弑：古时称臣杀君、子杀父母。

③袂（mèi）：衣袖。

④中逵：中途。逵，四通八达的道路。

【译文】

渔夫对樵夫说："人们所说的亲近关系莫过于父子；人们所说的疏远关系，莫过于路人。如果心里只想着利益，那么父子关系比路人还疏远。与生俱来的父子亲密关系，利益都能破坏它，更何况天生就不亲近的关系呢！所以利益对人的影响如此之大，怎能不谨慎看待呢！路人擦肩而过，之所以没有相互残害的想法，是因为他们之间没有利益关系。如果有利在先，那么路人和父子，又有什么分别呢？路人尚且能以义气相交，更何况父子这样亲近的关系呢？所以，义是礼让的根本，利是争斗的开端。礼让则仁义在，争夺则祸患生。仁义和灾祸，相差是多么大啊！尧、舜是人，桀、纣也是人。都是人，是仁心与恶念让他们有了区别。仁因义而起，恶因利而生。谋

利不以义为前提，那么就会有臣杀君、子杀父之事。这样就真不如擦肩而过的路人了啊！”

知“力分”，明力之所逮

【原文】

樵者谓渔者曰：“吾尝负薪矣，举百斤而无伤吾之身，加十斤则遂伤吾之身。敢问何故？”

渔者曰：“樵则吾不知之矣。以吾之事观之，则易地皆然。吾尝钓而得大鱼，与吾交战。欲弃之，则不能舍；欲取之，则未能胜。终日而后获，几有没溺[①]之患矣。非直有身伤之患耶！鱼与薪则异也，其贪而为伤则一也。百斤力，分之内者也；十斤力，分之外者也。力分之外，虽一毫犹且为害，而况十斤乎？吾之贪鱼，亦何以异子之贪薪乎！”

樵者叹曰：“吾而今而后，知量力而动者，智矣哉！”

【注释】

①没（mò）溺：淹没，溺亡。

【译文】

樵夫问渔夫："我经常背柴，背一百斤觉得没有问题，但多加十斤我就无法承受，请问这是什么原因？"

渔夫答："砍柴负薪的事情我不清楚。从我打鱼的经验来看这些道理，换个角度就全明白了。我有一次钓到了一条大鱼，鱼为了逃脱则跟我较量。我想放弃，却又舍不得，我想把大鱼拉上来，却又没那么大力量。最终，在跟大鱼较量了一整天之后，我捕获了大鱼。但为了这条大鱼，我差点沉到水里淹死。这不就是把生命置于危险之处吗！钓鱼与打柴虽不一样，但因贪而受伤却是一样的。一百斤，是你力所能及的，再加十斤，则在你所能承受重量之外。承受力之外，加一毫都是有害的，何况十斤！我贪求大鱼，你贪求柴多，我们之间又有什么不同呢！"

樵夫感叹道："我从今以后，一定要明白量力而行，这才是明智的行为啊！"

析"易理"，晓宇宙之变化

【原文】

樵者谓渔者曰："子可谓知《易》[1]之道矣。吾敢问'《易》有太极'，太极，何物也？"

曰："无为之本也"。

曰："太极生两仪，两仪，天地之谓乎？"

曰："两仪，天地之祖也，非止为天地而已也。太极分而为二，先得一为一，后得一为二。一二谓两仪。"

曰："'两仪生四象'，四象，何物也？"

曰："大象谓'阴阳刚柔'。有阴阳，然后可以生天；有刚柔，然后可以生地。立功之本，于斯为极。"

曰："'四象生八卦'，八卦，何谓也？"

曰："谓乾、坤、离、坎、兑、艮、震、巽[②]之谓也。迭相盛衰，终始于其间矣。因而重之，则六十四由是而生也，而《易》之道始备矣。"

【注释】

①《易》：《易经》。

②乾、坤、离、坎、兑、艮、震、巽：《易经》中的八种基本图形，也称八卦。

【译文】

樵夫问："你可以说是通晓《易经》的道理了。请问，'《易》有太极'所说的太极是何物？"

渔夫答："无为之本源。"

樵夫问："太极生两仪，两仪指的是天地吗？"

渔夫答："两仪是孕育天地的东西，并非单指天地。太极一分为二，先生成一个称之为一，又生成一个就是二，一和二合称为两仪。"

樵夫问："两仪生四象，四象为何物？"

渔夫答："四象，指的是阴阳和刚柔。阴阳相交产生了天，刚柔相济产生了地，一切事物的根本，始于斯，终于斯。"

樵夫问："四象生八卦。八卦是什么？"

渔夫答："八卦是指乾、坤、离、坎、兑、艮、震、巽这八种卦象。万物兴衰更替都不离其宗，此消彼长，不断重复，六十四卦也由此而生，《易经》的道理就于其间生成并完备。"

【原文】

樵者问渔者曰："复[1]何以见天地之心乎？"

曰："先阳已尽，后阳始生，则天地始生之际，中则当日月始周之际，末则当星辰始终之际。万物死生，寒暑代谢，昼夜迁变，非此无以见之。当天地穷极之所必变，变则通，通则久。故《象》言[2]'先王以至日[3]闭关，商旅不行，后不省方'，顺天故也。"

【注释】

①复：复卦。《易经》六十四卦之第二十四卦。

②《象》言：解释《易经》中卦和爻的辞。

③至日：冬至日。

【译文】

樵夫问渔夫："为什么说从复卦可以窥见天地的根本呢？"

渔夫答："先生之阳气已经消尽，后至之阳气开始生发，天地于此刻开始形成，日月渐渐进入确定轨道并开始周期性运行，最后所有星辰也各归其位，并以确定的周期运转。万物生死循环，寒暑更替，昼夜变换，没有这些，就无法看出天地的根本。当天地的阴阳之气达至极致时，就必然会发生变化，变化就能通畅，通畅就能长久，因此复卦的《象》辞说'古代的帝王于冬至这一天关闭关口，商人不行商，旅人不旅行，君主不巡察四方'，这是要顺应天时的缘故。"

【原文】

樵者谓渔者曰："'无妄[①]，灾也'敢问其故？"

曰："妄，则欺也。得之必有祸，斯有妄也。顺天而动，有祸及者，非祸也，灾也。犹农有思丰而勤稼穑者，其荒也，不亦祸乎？农有勤稼穑而复败诸水旱者，其荒也，不亦灾乎？故《象》言'先王以茂对时，育万物'，贵不妄也。"

【注释】

①无妄：无妄卦。是《易经》六十四卦之第二十五卦。

【译文】

樵夫问："从无妄卦可以看到灾祸。请问这是什么原因？"

渔夫答："虚妄就是欺骗，有欺骗就必然有祸害。所以称之为妄。顺天而行，还遭遇祸患，这不是人祸，而是天灾。就像农民祈盼丰收却不去辛勤耕种，结果田地荒芜而无所收获，这不就是人祸吗？假如农人努力耕种，但田地却因水灾或旱灾而荒芜，这不就是天灾吗？由此，无妄卦的《象》辞说‘古代的君王勉力应时，养育万物’，这是贵在不妄。”

【原文】

樵者问曰：“姤①，何也？”

曰：“姤，遇也，柔遇刚也，与夬②正反。夬始逼壮，姤始遇壮，阴始遇阳，故称姤焉。观其姤，天地之心亦可见矣。圣人以德化，及此罔③有不昌。故《象》言‘后以施命告四方’，‘履霜’之慎，其在此也。”

渔者谓樵者曰：“春为阳始，夏为阳极；秋为阴始，冬为阴极。阳始则温，阳极则热；阴始则凉，阴极则寒。温则生物，热则长物，凉则收物，寒则杀物。皆一气别而为四焉。其生万物也亦然。”

【注释】

①姤：姤卦。是《易经》六十四卦之第四十四卦。

②夬（guài）：夬卦。是《易经》六十四卦之第四十三卦。

③罔：没有。

【译文】

樵夫问："姤卦讲什么？"

渔夫答："姤就是相遇。姤卦是柔遇见刚，这跟夬卦正好相反，因为夬开始就近于强壮，姤是弱遇到强，阴遇到阳，所以称之为姤。观察姤卦，从中可以看到天地运行的规律。圣人的德行既然能够感化到天地，那就没有什么东西不昌盛了。因此，姤卦的《象》辞说'君主施行政令，布告四方'，从姤卦开始，就好像踩到了如霜的薄冰，凡事要小心谨慎了。"

渔夫接着说："春天是阳气生发之时，夏天是阳气极盛之时，秋天是阴气生发之时，冬天是阴气极盛之时。

阳气开始生发，天气就温和；阳气极盛，天气就炎热；阴气开始生发，天气就凉爽；阴气极盛，天气就寒冷。天气温和，万物就萌芽；天气炎热，万物就生长；天气凉爽，万物就收敛；天气寒冷，万物就肃杀。这是一气分化为四时的结果，生养万物，也是如此。”

论“人与物”，知人为万物之灵

【原文】

樵者问渔者曰：“人之所以能灵于万物者，何以知其然耶？”

渔者对曰：“人之所以能灵于万物者，谓其目能收万物之色，耳能收万物之声，鼻能收万物之气，口能收万物之味。声色气味者，万物之体也。目耳口鼻者，万人之用也。体无定用，唯变是用；用无定体，唯化是体。体用交而人物之道于是乎备矣。然则人亦物也，圣人亦

人也。有一物之物，有十物之物，有百物之物，有千物之物，有万物之物，有亿物之物，有兆物之物，生一一之物，当兆物之物，岂非人乎？

“有一人之人，有十人之人，有百人之人，有千人之人，有万人之人，有亿人之人，有兆人之人。生一一之人，当兆人之人者，岂非圣乎？是知人也者，物之至者也；圣也者，人之至者也。

“物之至者，始得谓之物之物也；人之至者，始得谓之人之人也。夫物之至者，至物之谓也；而人之至者，至人之谓也。以一至物而当一至人，则非圣人而何？人谓之不圣，则吾不信也。何哉？谓其能以一心观万心，一身观万身，一物观万物，一世观万世者焉；又谓其能以心代天意，口代天言，手代天工，身代天事者焉。又谓其能以上识天时，下尽地理，中尽物情，通照人事者焉。又谓其能以弥纶[1]天地，出入造化[2]，进退今古，表里人物者焉。

“噫！圣人者，非世世而效圣焉，吾不得而目见之也。

虽然吾不得而目见之，察其心，观其迹，探其体，潜其用，虽亿万年亦可以理知之也。

“人或告我曰：‘天地之外，别有天地万物，异乎此天地万物。’则吾不得而知已。非唯吾不得而知之也，圣人亦不得而不知之也。凡言知者，谓其心得而知之也。言言者，谓其口得而言之也。既心尚不得而知之，口又恶得而言之乎？以心不可得知而知之，是谓妄知也。以口不可得言而言之，是谓妄言也。吾又安能从妄人而行妄知、妄言者乎？”

【注释】

①弥纶：综括，贯通。

②造化：这里指宇宙。

【译文】

樵夫问渔夫：“人被认为是万物中最聪明的，这是什么原因呢？”

渔夫回答："因为人的眼睛能看见万物的颜色，耳朵能听到万物的声音，鼻子能闻到万物的气味，嘴巴能尝到万物的味道。声、色、气、味，是万物的本质属性。眼睛、耳朵、嘴巴、鼻子，人人皆用。物质的属性没有固定的用途，它的作用因人而变；我们需要某种功用，并不特别指定某一物质，而是就地取材使之变成可用之物。物质和功用相契合，于是人和万物的关系就和谐完备了。然而，人也归于万物，圣人也是人。有感知一物之物，有感知十物之物，有感知百物之物，有感知千物之物，有感知万物之物，有感知亿物之物，有感知兆物之物。能让众物归一的（总结万物之理），应该是能够感知兆物之物，难道不是人吗？

"有统领一人的人，有统领十人的人，有统领百人的人，有统领千人的人，有统领万人的人，有统领亿人的人，有统领兆人的人，能让天下人都追随的人，应是统领兆人的人，难道不是圣人吗？所以说，人是物的极致，圣人是人的极致。

“物中的极致之物，称作物中之物，人中的极致之人，称为人中之人。物之极叫至物，人之极叫至人。从至物到至人，这不是圣人是什么？人们不称他为圣人我是不信的。为什么呢？因为他能通过一人之心推及万人之心，以一己之身推及万人之身，以一物而推及万物，通过一世而能推及万世！他又能用心感知天意，说符合天道的言论，做符合天道的事，以己身践行天道！他还能上识天时，下穷地理，中尽物情，洞彻人性！他的思想综括天地万物，在无形宇宙中出入，于今古之中进退，参透了人性和万物。

“唉！圣人并非世世代代都会出现，我没有机会见到圣人。尽管我没机会亲眼见到圣人，但我可以感知他的心思，寻找他的形迹，探究他的本质，研究他的行为，哪怕他跟我相隔亿万年，我也可以依此（上面那些方法）推知他的存在。

“若有人告诉我说：‘天地之外，还有另外的天地万物，跟我们所在的天地是不一样的。’那我就不得而知了。不仅我不得而知，就是圣人也不得而知啊！所有说到‘知’的，都是指用心体悟出的知识，所有说到‘言’的，都是指通过口头来传达思想。既然心还没真正理解，又怎么能用语言准确表达呢？若心不能真正体悟理解，所求之知就叫妄知；若无法用语言准确表达出来，就叫妄言。我又怎么能如妄人一样去追求妄知、妄言呢？”

【原文】

渔者谓樵者曰：“仲尼[1]有言曰，‘殷[2]因于夏礼，所损益[3]可知也；周因于殷礼，所损益可知也。其或继周者，虽百世可知也。’夫如是，则何止百世而已哉！亿千万世，皆可得而知之也。

“人皆知仲尼之为仲尼，不知仲尼之所以为仲尼。不欲知仲尼之所以为仲尼则已，如其必欲知仲尼之所以为仲尼，则舍天地将奚之焉？

“人皆知天地之为天地，不知天地之所以为天地。不欲知天地之所以为天地则已，如其必欲知天地之所以为天地，则舍动静将奚之焉？夫一动一静者，天地至妙者与？夫一动一静之间者，天地人至妙至妙者与？是知仲尼之所以能尽三才之道者，谓其行无辙迹也。故有言曰：‘予欲无言。’又曰：‘天何言哉！四时行焉，百物生焉。’其此之谓与？”

【注释】

①仲尼：孔子。

②殷：商朝。

③损益：减少和增加。

【译文】

渔夫对樵夫说：“孔子说，‘殷朝的礼仪因袭夏朝的礼仪，减少了哪些礼节，增加了哪些礼节，这是可以知道的；周朝的礼仪因袭殷朝的礼仪，减少了哪些礼节，增加了哪些礼节，这是可以知道的。只要承袭三代之礼，以后或许出现有代周而立的朝代，那个朝代即便是距离

我有一百个世代那么遥远，它的礼仪还是可以知道的。’像孔子说的这样，可以知道的礼仪又何止是一百个世代之后的礼仪呢？就算是一千个世代、一万个世代、一亿个世代之后的礼仪，也是可以知道的。

“人们都知道孔子这名字所指是（众人所知的圣人）孔子，但却不知道孔子之所以能成为（圣人）孔子的原因。不想知道孔子之所以能够成为（圣人）孔子的原因也就算了，如果一定想知道孔子之所以能够成为（圣人）孔子的原因，那么，除了到天地之中去寻找答案，还能到哪里去寻找答案呢？

“人们都知道天地之名所指的天地，却不知道天地之所以能够成为天地的原因。不想知道天地之所以能够成为天地的原因也就算了，如果一定想知道天地之所以能够成为天地的原因，那么，除了到‘动静’之中去寻找答案，还能到哪里去寻找答案呢？一动一静，不就是天地奥妙之所在吗？天地的动静之间有了人的参与，不就是天、地、人三者奥妙之所在吗？由此可知，孔子之所以能够穷尽天、地、人三者之道，正是因为他的行为没有留下痕迹（顺应自然之无为）。所以孔子说：‘我什么也没说。’又说：‘天何尝说过话！四季依序更替，万物自然生长。’难道说的不是这个道理吗？”

懂“权变”，须以经法天

【原文】

渔者谓樵者曰：“大哉！权[1]之与变乎？非圣人无以尽之。变然后知天地之消长，权然后知天下之轻重。消长，时也；轻重，事[2]也。时有否泰[3]，事有损益。圣人不知随时否泰之道，奚由知变之所为乎？圣人不知随时损益之道，奚由知权之所为乎？运消长者，变也；处轻重者，权也。是知权之与变，圣人之一道耳。”

【注释】

①权：权衡，称量物体轻重的器具。引申为评量、判断、法度、标准。

②事：自然界和社会中的一切现象和活动。

③否泰：《易经》中的两个卦名。天地不交，闭塞谓之否；天地相交，亨通谓之泰。后以“否泰”指世道的盛衰，命运的顺逆。

【译文】

渔夫对樵夫说：“真是伟大啊！权衡与变化，非圣人不能说得清楚。有变化，然后才能知道天地之气的消长；有权衡，然后才能知道天下之物的轻重。消长，是时间的变化；轻重，是事物的变化。时运有顺逆，事物有损益。圣人如果不知道顺应时间而有顺逆之变化，又怎么理解变化所起的作用呢？圣人如果不知道顺应时间有损益之变化，又怎么理解权衡所起的作用呢？令消长得以发生的，是变化；令轻重得以区分的，是权衡。由此可知，权衡与变化，是圣人行事一贯所坚持的法则。”

论“生死”，灵魂各有安处

【原文】

樵者问渔者曰：“人谓死而有知，有诸？”

曰：“有之。”

曰：“何以知其然？”

曰：“以人知之。”

曰：“何者谓之人？”

曰：“目耳鼻口、心胆脾肾之气全，谓之人。心之灵曰神，胆之灵曰魄，脾之灵曰魂，肾之灵曰精；心之神发乎目，则谓之视；肾之精发乎耳，则谓之听；脾之魂发乎鼻，则谓之臭[①]；胆之魄发乎口，则谓之言。八者具备，然后谓之人。

“夫人也者，天地万物之秀气也。然而亦有不中者，各求其类也。若全得人类，则谓之曰全人之人。夫全类者，天地万物之中气也，谓之曰全德之人也。全德之人者，人之人者也。夫人之人者，仁人之谓也。唯全人，然后

能当之。

“人之生也，谓其气行；人之死也，谓其形返。气行则神魂交，形返则精魄存。神魂行于天，精魄返于地。行于天，则谓之曰阳行；返于地，则谓之曰阴返。阳行则昼见而夜伏者也，阴返则夜见而昼伏者也。

“是故，知日者月之形也，月者日之影也；阳者阴之形也，阴者阳之影也；人者鬼之形也，鬼者人之影也。人谓鬼无形而无知者，吾不信也。”

【注释】

①臭：同“嗅”。

【译文】

樵夫问渔夫：“人们说人死后还有感知，有这种事吗？”

渔夫答：“有。”

樵夫问：“从哪里知道有呢？”

渔夫答：“通过人知道。”

樵夫问：“具备什么条件才能称为‘人’呢？”

渔夫答：“眼睛、耳朵、鼻子、嘴、心、胆、脾、肾这八个部位的气全备，就称为人。心的灵气称为神，胆的灵气称为魄，脾的灵气称为魂，肾的灵气称为精。心的神从眼睛显现，称为视；肾的精从耳朵显现，称为听；脾的魂从鼻子显现，称为嗅；胆的魄从嘴显现，称为言。以上八个要素都具备，然后才可称为人。

“人，禀天地万物之灵气而生。然而也有缺少某一方面而不符合这一标准的人，他们会寻求属于自己的群属。如果各方面都齐全的人，则称为全人。全人得万物中和之气，则称为全德之人。全德之人，为人中之人。人中之人，也就是仁人的意思。唯有全人，才配得上仁人的称谓。

“人活着的时候，是阳气在运行。人死了，形体返归尘土。气行则神魂交，形返则精魄存。神魂行于天，精魄返于地。行于天，称之为阳行，返于地，称之为阴返。

阳行者于白天出现而夜间潜伏，阴返者于夜间出现而白天潜伏。

“由此可知，太阳是月亮的形体，月亮是太阳的影子，阳者是阴者的形体，阴者是阳者的影子，人是鬼的形体，鬼是人的影子。人们说鬼没有形体，没有知觉，我不相信这种说法。”

“君子与小人”，国家福祸之源

【原文】

樵者问渔者曰：“小人可绝乎？”

曰：“不可。君子禀阳正气而生，小人禀阴邪气而生。无阴则阳不成，无小人则君子亦不成，唯以盛衰乎其间也。阳六分则阴四分，阴六分则阳四分，阳阴相半则各五分矣。由是知君子小人之时有盛衰也。治世则君子六分。君子六分，则小人四分，小人固不胜君子矣。乱世则反是。君君，臣臣，父父，子子，兄兄，弟弟，夫夫，妇妇，谓各安其分也。君不君，臣不臣，父不父，子不子，兄不兄，弟不弟，夫不夫，妇不妇，谓各失其分也。此则由世治世乱使之然也。

“君子常行胜言，小人常言胜行。故世治则笃实之士多，世乱则缘饰[①]之士众。笃实鲜不成事，缘饰鲜不败事。成多国兴，败多国亡。家亦由是而兴亡也。夫兴家与兴国之人，与亡国亡家之人，相去一何远哉！”

【注释】

①缘饰：修饰。语出《史记·平津侯主父列传》“习文法吏事，而又缘饰以儒术”。

【译文】

樵夫问渔夫：“小人可以绝迹吗？”

渔夫答：“不能。君子秉承阳正之气而生，小人秉承阴邪之气而生。无阴则阳无法形成，无小人则君子也

无法形成，他们只有盛衰的不同。阳六分，则阴四分；阴六分，则阳四分；阴阳各半，则各占五分。由此而知，君子与小人各有盛衰之时。治世，君子占六分。君子占六分，小人就占四分，在这样的情况下，小人不能胜君子。乱世则与治世相反。君安君位，臣安臣位，父安父位，子安子位，兄安兄位，弟安弟位，夫安夫位，妻安妻位，这就叫各安其分。君不安君位，臣不安臣位，父不安父位，子不安子位，兄不安兄位，弟不安弟位，夫不安夫位，妻不安妻位，这就叫各失其分。这是治世与乱世造成的不同结果。

“君子行多于言，小人言多于行。因此，在治世忠诚本分之人居多，在乱世巧言令色之人居多。人若忠诚本分，很少有不成事的；人若巧言令色，很少有不败事的。成事者多，国家就兴旺；败事者多，国家就会灭亡。同理，家庭亦由成多而兴，因败多而亡。兴国、兴家之人与亡国、亡家之人相比，两者的差距是多么大啊！”

知"才正与不正"，他山之石可用

【原文】

樵者问渔者曰："人所谓才者，有利焉，有害焉者，何也？"

渔者曰："才一也，利害二也。有才之正者，有才之不正者。才之正者利乎人，而及乎身者也；才之不正者利乎身，而害乎人者也。"

曰："不正，则安得谓之才？"

曰："人所不能而能之，安得不谓之才？圣人所以惜乎才之难者，谓其能成天下之事而归之正者寡[1]也。若不能归之以正才，则才矣难乎语其仁也。譬犹药之疗疾也，毒药[2]亦有时而用也。可一而不可再也，疾愈则速已，不已则杀人矣。平药则常日用之可也，重疾非所以能治也。能驱重疾而无害人之毒者，古今人所谓良药也。

"《易》曰：'大君有命，开国承家，小人勿用。'如是，则小人亦有时而用之。时平治定，用之则否。《诗》

云：‘它山之石，可以攻玉。’其小人之才乎！”

【注释】

①寡：少。

②毒药：药性猛烈的药。与下文的“平药”相对而言。

【译文】

樵夫问：“人们所说的才华，有利，也有害，这是为什么？”

渔夫答：“才华是一，利害是二。才华有正与不正之分。才华正，利于人，亦利于己；才华不正，虽利于己，却害于人。”

樵夫问：“才华不正，怎么还能称为才华？”

渔夫答：“别人没这个能力，他有这个能力，怎么不能称为才华呢？圣人之所以感叹有才华者难遇，是因为能够成就天下事业而又能够归于正道的人很少。如果不能归于正道，虽有才华，也很难说他是仁德之人。譬如以药治病，有时候需用到药性猛烈的药，但烈性药只可以偶尔使用，不能反复使用，疾病一旦痊愈，就要迅速停止，若不停止使用烈性药，烈性药就会害死人。平和的药在遇到小病的情况下使用是可以的，但遇到重病的情况，它就没办法医治了。能够医治重病而又没有害人的毒性的，这样的药古往今来都称之为良药。

“《易经·师卦》上六爻的爻辞说：‘国君颁布诏命，建立邦国，继承封邑，不要重用小人。’由此可知，有时候也会用到小人。不过，治平之世，用小人就不好。《诗经·鹤鸣》有言：‘它山之石，可以攻玉。’这里所讲的就是小人的才华吧！”

慎“择用”，决定善恶之果

【原文】

樵者谓渔者曰：“国家之兴亡，与夫才之邪正，则

固得闻命矣。然则何不择其人而用之？”

渔者曰：“择臣者，君也；择君者，臣也。贤愚各从其类而为，奈何有尧、舜之君，必有尧、舜之臣。有桀、纣之君，必有桀、纣之臣。尧、舜之臣生乎桀、纣之世，犹桀、纣之臣生于尧、舜之世，必非其所用也。虽欲为祸为福，其能行乎？

“夫上之所好，下必好之。其若影响，岂待驱率[①]而然耶？上好义，则下必好义，而不义者远矣；上好利，下必好利，而不利者远矣。好利者众，则天下日削矣；好义者众，则天下日盛矣。日盛则昌，日削则亡。盛之与削，昌之与亡，岂其远乎？在上之所好耳。夫治世何尝无小人，乱世何尝无君子，不用则善恶何由而行也。”

【注释】

①驱率：驱使和率领。

【译文】

樵夫问渔夫："国家的兴亡和才华的正与不正，我已经听你讲述过了。可是，为什么不任用合适的人呢？"

渔夫答："选择臣子的，是君主；选择君主的，是臣子。贤者和愚人各自追随他们的同类人而行。让人无奈的是，有尧舜那样的君主，就有像尧舜那样的臣子；有桀纣那样的君主，就有像桀纣那样的臣子。假若像尧舜那样的臣子，出生在桀纣的时代，或者像桀纣那样的臣子，出生在尧舜的时代，就一定不为君主所用。既然不为所用，就算想行恶或者为善，他们能做到吗？

"上位者所喜欢的，下位者必然会投其所好。这就好比人的影子和声音的回响，岂是需要驱使和引领才这样的呢？在上位者好义，在下位者就一定好义，而不好义之人就会远离；在上位者好利，在下位者就一定好利，而不好利之人就会远离。好利之人多，天下就会日渐削弱；好义之人多，天下就会日渐兴盛。日渐兴盛就会昌隆，日渐削弱就会灭亡。兴盛与削弱、昌隆与灭亡，其间的

距离相差遥远吗？关键是看上位者的喜好罢了。治世何尝无小人？乱世何尝无君子？不用二者，善恶的行为怎么能够实施呢。”

识“善恶”，分君子小人

【原文】

樵者曰：“善人常寡，而不善人常众；治世常少，乱世常多，何以知其然耶？”

曰：“观之于物，何物不然？譬诸五谷，耘[①]之而不苗者有矣。蓬莠[②]不耘而犹生，耘之而求其尽也，亦未如之何矣！由是知君子小人之道，有自来矣。君子见善则喜之，见不善则远之；小人见善则疾之，见不善则喜之。善恶各从其类也。

“君子见善则就之，见不善则违之；小人见善则违之，见不善则就之；君子见义则迁，见利则止；小人见义则止，见利则迁。迁义则利人，迁利则害人。利人与害人，相去一何远耶？

“家与国一也，其兴也，君子常多而小人常鲜。其亡也，小人常多而君子常鲜。君子多而去之者，小人也；小人多而去之者，君子也。君子好生，小人好杀；好生则世治，好杀则世乱。君子好义，小人好利。治世则好义，乱世则好利。其理一也。”

【注释】

①耘：除草。

②蓬莠：蓬草和莠草，形容杂草丛生。

【译文】

樵夫问：“善人总是少，不善之人总是很多；治世总是少，乱世总是多。为什么是这样呢？”

渔夫答：“观察天地万物，哪样事物不是这样？以种五谷为例，尽心除草耕种却不出苗。而杂草不需要耕

种仍然生长，即使除尽杂草，也不见得能获丰收。由此可知，君子之道与小人之道，有其自然之理。君子看见善行就喜欢，看见不善行就远离；小人看见善行就憎恶，看见不善行就喜欢。善和恶各归其类。

“君子看见善行就亲近它，看见不善行就远离它；小人看见善行就远离它，看见不善行就亲近它。君子看见义举就靠近并支持，看见利益就停下；小人看见义举就停下，看见利益就靠近想获取。向义靠近就利于他人，向利靠近就害于他人。利于他人与害于他人，两者相差何其远啊！

“家庭与国家是一样的，它们兴旺的时候，君子常多而小人常少；它们衰败的时候，小人常多而君子常少。君子多，却离君子而去的，是小人；小人多，却离小人而去的，是君子。君子喜欢保护生命，小人喜欢杀害生命。热爱生命，世界就治平；喜好杀伐，世界就混乱。君子讲义，小人讲利。治世讲义，乱世讲利。道理是一样的。”

【原文】

钓者谈已，樵者曰："吾闻古有伏羲①，今日如睹其面焉。"拜而谢之，及旦而去。

【注释】

①伏羲：字太昊，三皇之一。传说他根据天地万物变化创立八卦。

【译文】

渔夫讲完了。樵夫说："我听说古代有伏羲氏，今天看见你，就像看见了伏羲氏。"于是拜谢渔夫，天亮后就离开了。

附　录

皇极经世书·观物内篇（节选）

一

物之大者无若天地，然而有所尽也。天之大，阴阳尽之矣；地之大，刚柔尽之矣。阴阳尽而四时成焉，刚柔尽而四维成焉。夫四时四维者，天地至大之谓也，凡言大者，无得而过之也。亦未始以大为自得，故能成其大，岂不谓至伟至伟者与？

首言万物莫大于天地。天地之大也，尽之于阴阳刚柔，二太二少。立天之道，曰阴与阳。太阳、少阳，太阴、少阴，分之而成乎四时。天之大尽乎是矣。立地之道，曰柔与刚。太刚、少刚，太柔、少柔，分之而成乎四维。地之大尽乎是矣。故四时运而天行不息，四维具而地势不亏。凡物类之。生成覆载，孰有过其至大者乎！原乎天地之心，亦未始以大为自得。天依于地，天之所以成乾，而时惕无亢，地附乎天，地之所以成坤，而安贞无咎也。两赞其至伟，两明其至大也如此。

天生于动者也，地生于静者也，一动一静交，而天地之道尽之矣。动之始则阳生焉，动之极则阴生焉，一阴一阳交而天之用尽之矣；静之始则柔生焉，静之极则刚生焉，一刚一柔交而地之用尽之矣。动之大者谓之太阳，动之小者谓之少阳；静之大者谓之太阴，静之小者谓之少阴。太阳为日，太阴为月，少阳为星，少阴为辰，日月星辰交而天之体尽之矣。静之大者谓之太柔，静之小者谓之少柔；动之大者谓之太刚，动之小者谓之少刚。太柔为水，太刚为火，少柔为土，少刚为石，水火土石交而地之体尽之矣。

夫阴阳刚柔，根极为动静者也。而动静之生，天地以判。动静之交，天地以合。故动而生阳，动极则阴生。静而生柔，静极则刚生。天阳而阴从焉，地柔而刚交焉。

始而之乎极，皆交而既于尽者也。凡为天地之用，道盖如此。惟是阴阳刚柔，各以动静之大小分太少，得气多者太，得气少者少也。太阳日，太阴月，少阳星，少阴辰，分属于乾、兑、离、震，交焉而天体尽是矣。太柔水，太刚火，少柔土，少刚石，分属于坤、艮、坎、巽，交焉地体尽是矣。此一分而两，两交而四，四交而八，八交而十六，十六交而三十二之不离乎一动一静也。

日为暑，月为寒，星为昼，辰为夜，暑寒昼夜交而天之变尽之矣。水为雨，火为风，土为露，石为雷，雨风露雷交而地之化尽之矣。暑变物之性，寒变物之情，昼变物之形，夜变物之体，性情形体交而动植之感尽之矣。雨化物之走，风化物之飞，露化物之草，雷化物之木，走飞草木交而动植之应尽之矣。

是故寒暑昼夜者，日月星辰之本天而变也，而动植万物之性情形体，由以感。雨风露雷者，水火土石之本地而化也，而动植万物之走飞草木，由以应，为变为化，为感为应，不交不生，不生不备，而天地乌乎尽矣。

走，感暑而变者，性之走也，感寒而变者，情之走也，感昼而变者，形之走也，感夜而变者，体之走也。飞，感暑而变者，性之飞也，感寒而变者，情之飞也，感昼而变者，形之飞也，感夜而变者，体之飞也。草，感暑而变者，性之草也，感寒而变者，情之草也，感昼而变者，形之草也，感夜而变者，体之草也。木，感暑而变者，性之木也，感寒而变者，情之木也，感昼而变者，形之木也，感夜而变者，体之木也。

惟是走飞草木之物，附于地，感天而变焉，而各有暑寒昼夜之分。则其分乎。性情形体之走飞草木也，区以别矣。故一而四，四而十六，而坤、良、坎、巽，各受乾、兑、离、震之十六卦。方圆二图不可按而识与？

性，应雨而化者，走之性也，应风而化者，飞之性也，应露而化者，草之性也，应雷而化者，木之性也。情，应雨而化者，走之情也，应风而化者，飞之情也，应露而化者，草之情也，应雷而化者，木之情也。形，应雨而化者，走之形也，应风而化者，飞之形也，应露而化

者，草之形也，应雷而化者，木之形也。体，应雨而化者，走之体也，应风而化者，飞之体也，应露而化者，草之体也，应雷而化者，木之体也。

惟是性情形体之类，根于天，应地而化焉。而各有雨风露雷之分。则其分乎走飞草木之性情形体也，散以殊矣。故仍一而四，四而十六，而乾、兑、离、震，各合坤、艮、坎、巽之十六卦。方圆二图不又可得而悉与？此二节天唱乎地，地感而变蕃。地和乎天，天应而化合也。

性之走善色，情之走善声，形之走善气，体之走善味。性之飞善色，情之飞善声，形之飞善气，体之飞善味。性之草善色，情之草善声，形之草善气，体之草善味。性之木善色，情之木善声，形之木善气，体之木善味。

于是有善色善声善气善味之辨。色根性生，声由情发，气从形载，味与体宜。之四者，无论属之走飞草木，而莫不各善是也。色者火，应肉；声者水，应血；气者石，应骨；味者土，应髓。艮也，坤也，巽也，坎也，地也，而承乎乾目、兑耳、离鼻、震口之司感于天者，凡十六卦也。

走之性善耳，飞之性善目，草之性善口，木之性善鼻。走之情善耳，飞之情善目，草之情善口，木之情善鼻。走之形善耳，飞之形善目，草之形善口，木之形善鼻。走之体善耳，飞之体善目，草之体善口，木之体善鼻。

于是有善耳、善目、善口、善鼻之辨。耳迎走听，目送飞视，口辨草尝，鼻知木嗅。之四者，凡各附于性情形体，而亦莫不善是也。耳者月，比通；目者日，比明；口者辰，比默；鼻者星，比中。兑也、乾也、震也、离也、天也，而纳乎坤声艮色坎味巽气之待。应于地者，亦十六卦也，凡皆变化感应之统乎物类者也。

夫人也者，暑寒昼夜无不变，雨风露雷无不化，性情形体无不感，走飞草木无不应，所以目善万物之色，耳善万物之声，鼻善万物之气，口善万物之味，灵于万物，不亦宜乎？

乃人为天地所生，万物所贵于天地之变化，兼备乎

暑寒昼夜风雨露雷于万物之感应，悉统乎性情形体走飞草木。其于天地间，万物之声色气味，一一为其目与耳、鼻与口之所善。宜其独灵于万物，举凡动植之偏，莫若其气质秉受之全也。邵子诗曰：“一气才分，二仪既备。圆者为天，方者为地。变化生成，动植类起。人在其间，最灵最贵。”又曰：“物有声色气味，人有耳目口鼻。万物于人一身，反观莫不全备。”正此旨也。其曰：“目耳鼻口，人之户牖，心胆脾肾，人之中溜，内若能守，外自不受。中若无守，外何能久。示人以葆其灵者切矣。盖乾日主心，应于目；兑月主脾，应于耳。离星主胆，应于鼻；震辰主肾，应于口。凡皆存乎人，备于我。物交物而防其引者也。”

二

人之所以能灵于万物者，谓目能收万物之色，耳能收万物之声，鼻能收万物之气，口能收万物之味。声色气味者，万物之体也；目耳鼻口者，万人之用也。体无定用，惟变是用；用无定体，惟化是体。体用交而人物之道于是备矣。

前篇言人灵于物。此复明其所以灵者，具目耳鼻口之全，收声色气味之杂。是万有不齐之体，物以群分。万有不齐之用，人以灵运群分者原难拘一定之用，变而通之，而用周矣。灵运者亦不主一定之体，化而裁之，而体该矣。故以地四卦之质，成乎体；交天四卦之气，全乎用。物道人道，备于变化中矣。于以观人之灵于物也，岂待问哉！

然则人亦物也，圣亦人也，有一物之物，有十物之物，有百物之物，有千物之物，有万物之物，有亿物之物，有兆物之物。为兆物之物，岂非人乎？有一人之人，有十人之人，有百人之人，有千人之人，有万人之人，有亿人之人，有兆人之人。为兆人之人，岂非圣乎？

然则皆物也，而人独灵。自一物之物，上而推于十百千万亿兆物之物，其惟人乎？抑且皆人也。而圣出类，

则自一人之人，上而推于十百千万亿兆之人，其惟圣人乎？人物各七等，虽举其概，皆四分八卦部而十六，而递推之。积而极于百千万亿兆之数，而未有止也。

是知人也者，物之至者也；圣也者，人之至者也。物之至者，始得谓之物之物也；人之至者，始得谓之人之人也。夫物之物者，至物之谓也；人之人者，至人之谓也。以一至物而当一至人，则非圣人而何人？谓之不圣，则吾不信也。何哉？谓其能以一心观万心，一身观万身，一物观万物，一世观万世者焉；又谓其能以心代天意，口代天言，手代天工，身代天事者焉；又谓其能以上识天时，下尽地理，中尽物情，通照人事者焉；又谓其能以弥纶天地，出入造化，进退古今，表里人物者焉。

是知物以人为至，人以圣为至。斯统物之物，统人之人，极至于物与人之分而不欠焉，不谓之圣不可也。圣者，一以观万，心乎心，身乎身，物乎物，世乎世，通乎万而会于一也。盖其心即天心，而代天之意；口即天口，而代天之言；手即天手，而代天之工；身即天身，而代天之事。夫且观天时而上以律，察地理而下以袭，周物情而中以建，通人事而旁以照，故与天地为弥纶，造化为出入，进退乎古今，表里夫人物。非圣人而能若是乎？

人或告我曰：天地之外别有天地万物，异乎此天地万物，则吾不得而知之也。非惟吾不得而知之也，圣人亦不得而知之也。

凡言知者，谓其心得而知之也；言言者，谓其口得而言之也；既心尚不得而知之，口又恶得而言之乎？以心不可得知而知之，是谓妄知也；以口不可得言而言之，是谓妄言也。吾又安能从妄人而行妄知妄言者乎？

乃知同焉，此天地之生，万物之类，吾与圣人心得而知，口得而言。率是道而求至也，舍是而告以不可得知得言之妄幻，从而行之亦惑甚矣。邵子诗曰：意亦心所至，言斯耳所闻。谁云天地外，别有好乾坤。又曰：道不远于人，乾坤只在身。谁能天地外，别去觅乾坤？又曰：人生天地后，心在天地先。天地自我出，其余何

足言。皆此意耳。

三

《易》曰：穷理尽性以至于命。所以谓之理者，物之理也；所以谓之性者，天之性也；所以谓之命者，处理性者也；所以能处理性者，非道而何？

此篇引《易》，申言物理天性，原于于穆之命。命则处乎理性之赋受偏全，无非阴阳刚柔变化感应之道。所分给而各足，惟人中立极之圣。穷之而理无不贯，尽之而性无不全。故能通乎命，而至于根极之处，则道在我。而以一观万，以人代天统天地造化，古今人物而毕著其能事矣。

是知道为天地之本，天地为万物之本；以天地观万物，则万物为万物；以道观天地，则天地亦为万物。道之道，尽之于天矣；天之道，尽之于地矣；天地之道，尽之于万物矣；天地万物之道，尽之于人矣。人能知天地万物之道所以尽于人者，然后能尽民也。

是知道者，统理性命于一，即太极一元之道，而为天地之本也。天地本道，万物本天地，天地物万物，道并物天地。故天地为物之大，而道则为观物之全，以言乎其尽。立天之道，一阴一阳。是分乎太极之道而为道者，尽之乎天。立地之道，惟柔惟刚。是合乎天之道而为道者，尽之乎地。天地为物不贰，生物不测，其动静变化之道，尽之乎万物。人生于天地，灵于万物，动静准于法象，变化通于气机。则尽天地万物之道者，兹唯人矣。人虽至圣，不越尽民。原其所以，唯能知之，乃能尽之。中庸之化育，乃以立本经纶，正此旨也。此穷理尽性，而要极于至命，凡推其尽民而已。

天之能尽物则谓之昊天，人之能尽民则谓之圣人。谓昊天能异乎万物，则非所以谓之昊天也；谓圣人能异乎万民，则非所以谓之圣人也。万民与万物同，则圣人固不异乎昊天者矣；然则圣人与昊天为一道也，圣人与昊天为一道则万民与万物亦可以为一道，一世之万民与

一世之万物亦可以为一道，则万世之万民与万世之万物亦可以为一道也，明矣。

夫昊天之尽物与圣人之尽民，皆有四府焉。昊天之四府者，春夏秋冬之谓也，阴阳升降于其间矣；圣人之四府者，《易》《书》《诗》《春秋》之谓也，礼乐污隆于其间矣。春为生物之府，夏为长物之府，秋为收物之府，冬为藏物之府，号物之庶谓之万，虽曰万之又万，其庶能出此昊天之四府者乎？《易》为生民之府，《书》为长民之府，《诗》为收民之府，《春秋》为藏民之府，号民之庶谓之万，虽曰万之又万，其庶能出此圣人之四府者乎？昊天之四府者，时也；圣人之四府者，经也；昊天以时授人，圣人以经法天，天人之事当如何哉？

夫人能尽民，谓之圣人，犹天能尽物，谓之昊天。昊天非异于万物，圣人非异于万民，同焉此万物与万民，岂异乎此昊天与圣人哉？故以一观万，心同身同，凡以其道同也。圣天一道，民物皆一道。自一世至万世，此民此物，皆此一道。从图中十六卦而四分之，则天之尽物，圣之尽人，各有四府。天以春夏秋冬，为生长收藏万物之府。圣亦以《易》《书》《诗》《春秋》，为生长收藏万民之府。阴阳之升降，礼乐之污隆，悉于其间观之。试观万之又万，有能外天四府之物乎？有能外圣四府之民乎？时者天之经，经者圣之时，圣以经法天时而授人，其道一也，故可代天之意言工事，而无弗备也。学者从可思天人两尽之事矣。

四

观春则知《易》之所存乎？观夏则知《书》之所存乎？观秋则知《诗》之所存乎？观冬则知《春秋》之所存乎？《易》之《易》者，生生之谓也；《易》之《书》者，生长之谓也；《易》之《诗》者，生收之谓也；《易》之《春秋》者，生藏之谓也。《书》之《易》者，长生之谓也；《书》之《书》者，长长之谓也；《书》之《诗》者，长收之谓也；《书》之《春秋》者，长藏之谓也。《诗》

之《易》者，收生之谓也；《诗》之《书》者，收长之谓也；《诗》之《诗》者，收收之谓也；《诗》之《春秋》者，收藏之谓也。《春秋》之《易》者，藏生之谓也；《春秋》之《书》者，藏长之谓也；《春秋》之《诗》者，藏收之谓也；《春秋》之《春秋》者，藏藏之谓也。

生生者，修夫意者也；生长者，修夫言者也；生收者，修夫象者也；生藏者，修夫数者也。长生者，修夫仁者也；长长者，修夫礼者也；长收者，修夫义者也；长藏者，修夫知者也。收生者，修夫性者也；收长者，修夫情者也；收收者，修夫形者也；收藏者，修夫体者也。藏生者，修夫圣者也；藏长者，修夫贤者也；藏收者，修夫才者也；藏藏者，修夫术者也。

修夫意者，三皇之谓也；修夫言者，五帝之谓也；修夫象者，三王之谓也；修夫数者，五伯之谓也。修夫仁者，有虞之谓也；修夫礼者，夏禹之谓也；修夫义者，商汤之谓也；修夫智者，周发之谓也。修夫性者，文王之谓也；修夫情者，武王之谓也；修夫形者，周公之谓也；

修夫体者，召公之谓也。修夫圣者，秦穆之谓也；修夫贤者，晋文之谓也；修夫才者，齐桓之谓也；修夫术者，楚庄之谓也。

皇帝王伯者，《易》之体也；虞夏商周者，《书》之体也；文武周召者，《诗》之体也；秦晋齐楚者，《春秋》之体也。

意言象数者，《易》之用也；仁义礼智者，《书》之用也；性情形体者，《诗》之用也；圣贤才术者，《春秋》之用也。用也者，心也；体也者，迹也；心迹之间有权存焉者，圣人之事也。

承前篇申言经与时合。观昊天四府，知圣人四府存乎其中：《易》《书》《诗》《春秋》，配生长收藏。一府备四，每一经而分四经之目，犹一时而分四时之气，依然卦图一而四，四而十六。《易》之四，乾、履、同人、无妄，衍为元之元会运世，修夫意言象数：《书》之四，夬、兑、革、随，衍为会之元会运世，修夫仁礼义智；《诗》之四，大有、睽、离、噬嗑，衍为运之元会运世，修夫

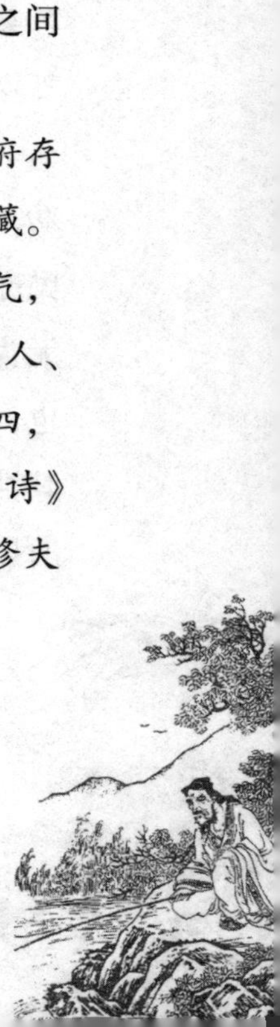

性情形体；《春秋》之四，大壮、归妹、丰、震，衍为世之元会运世，修夫圣贤才术，修意三皇，修言五帝，修象三王，修数五伯。有虞修仁，夏禹修礼，商汤修义，周发修智。性也情也，形也体也，文武周召，修之是者也。若夫修圣者，秦穆；修贤者，晋文；齐桓则修才，楚庄则修术，莫不各有所谓焉。详其所谓，而四经之体具是矣。明其所修，而四经之用具是矣，体与用分，心与迹判，于体而观道德功力之殊迹，于用而知化教劝率之异心，又莫有权存其间。而圣人之能事，备之于经，配之于时：可以观污隆升降之所由然矣。此本经解而推天人之合也。

三皇同意而异化，五帝同言而异教，三王同象而异劝，五伯同术而异率。同意而异化者必以道，以道化民者，民亦以道归之，故尚自然。夫自然者，无为无有之谓也，无为者非不为也，不固为者也，故能广；无有者非不有也，不固有者也，故能大。广大悉备而不固为固有者，其惟三皇乎？是故知能以道化天下者，天下亦以道归焉。所以圣人有言曰：我无为而民自化，我无事而民自富，我好静而民自正，我无欲而民自朴。其斯之谓与？

由是推之益详。准一卦备四，而观皇帝王伯之同异。皇同意，帝同言，王同象，伯同数，而为化为教为劝与率。本乎《易》者各有异焉。同视经卦，异视纬卦。而《易》始三皇，故独举同意异化。明皇以道化民，民归于道，不固有而能广，不固为而能大，皆尚夫自然，而无为无有之化。元之元之十六卦，皆本乾。而坤、剥、比、观，所由交而为否遁讼、姤之类也。然则道化民归，其即乾唱坤和之谓乎？引老氏言证之，谓三皇之道，用乎《易》者如斯。余可类推矣。

三皇同仁而异化，五帝同礼而异教，三王同义而异劝，五伯同智而异率。同礼而异教者必以德，以德教民者，民亦以德归之，故尚让。夫让也者，先人后己之谓也，以天下授人而不为轻，若素无之也，受人之天下而不为重，若素有之也，若素无素有者，谓不己无己有之也。若己无己有，则举一毛以取与于人，犹有贪鄙之心生焉，而况天下者乎？能知天下之天下非己之天下者，其唯五帝

乎？是故知能以德教天下者，天下亦以德归焉，所以圣人有言曰：垂衣裳而天下治，盖取诸乾坤，其斯之谓与？

若夫皇同仁，帝同礼，王同义，伯同知，用乎《书》者，各有化教劝率之异，而《书》始五帝，故专举同礼异教。明帝以德教民，民归于德。尚让先人，授受天下，有无若素，贪鄙不生，斯为揖让之隆。会之会之十六卦，皆本兑、而谦、艮、蹇、渐所由交而为萃、咸、困、大过之类也。然则德教民归，其即兑唱艮和之谓乎？引《易》大传证之谓五帝之德，用乎《书》者如斯。余亦类推。

三皇同性而异化，五帝同情而异教，三王同形而异劝，五伯同体而异率。同形而异劝者必以功，以功劝民者，民亦以功归之，故尚政。夫政也者，正也，以正正夫不正之谓也。天下之正莫如利民焉，天下之不正莫如害民焉，能利民者正，则谓之王矣；能害民者不正，则谓之贼矣。以利除害，安有去王耶？以王去贼，安有弑君耶？是知王者正也，能以功正天下之不正者，天下亦以功归焉，所以圣人有言曰：天地革而四时成。汤武革命顺乎天而应乎人，其斯之谓与？

若夫皇同性，帝同情，王同形，伯同体，用乎《诗》者，亦各有化教劝率之异而《诗》始三王，故专举同形异劝。以明王以功劝民，民归于功，尚政正人，以利除害。贼弑不兴，荡平归正。运之运之十六卦，皆本离，而师、蒙、坎、涣，所由交而为晋、旅、未济、鼎之类也。然则功劝民归，其亦离唱坎和之谓乎？引《易》革彖证之，谓三王之功用乎？《诗》者如斯，余亦类推。

三皇同圣而异化，五帝同贤而异教，三王同才而异劝，五伯同术而异率。同术而异率者必以力，以力率民者，民亦以力归之，故尚争。夫争也者，争夫利者也，取以利，不以义，然后谓之争。小争交以言，大争交以兵，争夫强弱者也，犹借夫名焉者，谓之曲直。名也者，命物正事之称也；利也者，养人成务之具也。名不以仁无以守业，利不以义无以居功，利不以功居，名不以业守，则乱矣，民所以必争之也。五伯者，借虚名以争实利者也，帝不足则王，王不足则伯，伯又不足则夷狄矣。若然则五伯

不谓无功于国中，语其正则未也，过戎翟则远矣。周之东迁，文武之功德于是而尽矣！犹能维持二十四君，王室不绝如线，夷狄不敢屠害中原者，由五伯借名之力也，是故知能以力率天下者，天下亦以力归焉。所以圣人有言曰：眇能视，跛能履，履虎尾，咥人凶，武人为于大君。其斯之谓与？

若夫皇同圣，帝同贤，王同才，伯同术，用《春秋》者，又各有化教劝率之异。而《春秋》始五伯，故专举同术异率。以明伯以力率民，民归于力，尚争取利，称义加兵，攘夷尊周，维持王室。世之世之十六卦皆本震，而升、蛊、井、巽，所由交而为豫、小过、解、恒之类也。然则力率民归，其又震唱巽和之谓乎？引《易》履三证之，谓五伯之力，用在《春秋》者如斯。余皆类推。按《易》兼乾、夬、大有、大壮；《书》兼履、兑、睽、归妹；《诗》兼同人、革、离、丰；《春秋》兼无妄、随、噬嗑、震。皆举一统四，而贯乎元会运世之元会运世者也。天圣四府，胥视诸此矣。

夫意也者，尽物之性也；言也者，尽物之情也；象也者，尽物之形也；数也者，尽物之体也。仁也者，尽人之圣也；礼也者，尽人之贤也；义也者，尽人之才也；智也者，尽人之术也。尽物之性者谓之道，尽物之情者谓之德，尽物之形者谓之功，尽物之体者谓之力；尽人之圣者谓之化，尽人之贤者谓之教，尽人之才者谓之劝，尽人之术者谓之率。道德功力存乎体者也；化教劝率存乎用者也；体用之间有变存焉者，圣人之业也。

夫变也者，昊天生万物之谓也；权也者，圣人生万民之谓也，非生物生民，乌得谓之权变乎？

于此可知物人之尽。圣人大业，具于四府，配天中矣。其意言象数者，举物之性情形体，尽之而有道德功力之分存乎其体。仁礼义智者，举人之圣贤才术，尽之而有化教劝率之分存乎其用。体用同异，益见心迹变而不居。是则圣人之业也，以配乎天。变存昊天是生万物。权存圣人，是生万民。民物一道，权变一机。其有外于天人四府者乎？四府之用交而十六变，而二百五十六，兼地

而两之凡五百一十二，圆唱方和，而万之又万者，胥以统矣。